VON DER BELIEBTEN AUTORIN ANGELIKA KIPP SIND IM FRECHVERLAG WEITERE FRÖHLICHE BASTELBÜCHER ERSCHIENEN. HIER EINE AUSWAHL:

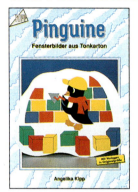
TOPP 1683

TOPP 1521

TOPP 1832

TOPP 1812

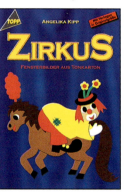
TOPP 1809

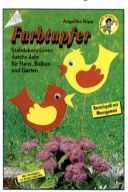
TOPP 1762

Zeichnungen: Berthold Kipp
Fotos: frechverlag GmbH + Co. Druck KG, 70499 Stuttgart; Fotostudio Ullrich & Co., Renningen

Materialangaben und Arbeitshinweise in diesem Buch wurden von der Autorin und den Mitarbeitern des Verlags sorgfältig geprüft. Eine Garantie wird jedoch nicht übernommen. Autorin und Verlag können für eventuell auftretende Fehler oder Schäden nicht haftbar gemacht werden. Das Werk und die darin gezeigten Modelle sind urheberrechtlich geschützt. Die Vervielfältigung und Verbreitung ist, außer für private, nicht kommerzielle Zwecke, untersagt und wird zivil- und strafrechtlich verfolgt. Dies gilt insbesondere für eine Verbreitung des Werkes durch Film, Funk und Fernsehen, Fotokopien oder Videoaufzeichnungen sowie für eine gewerbliche Nutzung der gezeigten Modelle.

Auflage: 5. 4. 3. 2. 1. | Letzte Zahlen
Jahr: 1999 98 97 96 95 | maßgebend

© 1994

ISBN 3-7724-1879-1 · Best.-Nr. 1879

frechverlag GmbH + Co. Druck KG, 70499 Stuttgart
Druck: frechverlag GmbH + Co. Druck KG, 70499 Stuttgart

Dieses Jahr ist an Ostern wirklich gehörig was los – solch ein kunterbuntes Tonkarton-treiben hat ihr Fenster sicherlich kaum schon einmal erlebt!

Denn wenn die Hennen ihr Hühner-Ballett proben, wenn die Osterhasen auf Eier-Raubzug gehen und ihnen am Fenster laufende Eier begegnen – da kann doch niemand sagen, dass da nichts los wäre, oder?

Dazu hat der Hahn auch noch einen Eierdieb erwischt, heimlich wird im Eierbuch geschmökert, und beim Eierlauf sind eine ruhige Hand und Schnelligkeit gefragt.

Da bleibt nur noch eine Frage an Sie:
Ist bei Ihnen etwa dieses Jahr an Ostern nichts los?

Viel Spass beim Basteln!

Angelika Kipp

ARBEITSMATERIAL

- Tonkarton (in verschiedenen Farben erhältlich)
- Schwarzer Filzstift (dünne Strichstärke)
- Bleistift und Bleistiftspitzer
- Weicher Radiergummi
- Transparent- oder Butterbrotpapier oder schlicht weißes Backpapier
- Schere
- Klebstoff und Klebstreifen
- Faden zum Aufhängen (evtl. Nylon)
- Nähnadel

TIPS & TRICKS

Tonkarton

Für die österlichen Fensterbilder dieses Buches sollten Sie Tonkarton verwenden, so erhalten die Bilder die nötige Stabilität.

Übertragen des Motivs

Haben Sie sich für ein Motiv entschieden, legen Sie ein Stück Transparent- oder Butterbrotpapier auf den Vorlagenbogen. Kleben Sie es am besten mit einem kleinen Klebestreifen fest, damit es nicht verrutscht.
Zeichnen Sie alle Linien mit einem weichen, aber spitzen Bleistift nach. Anschließend wenden Sie das Transparentpapier und legen es auf den farbigen Tonkarton.

Mit einem spitzen Bleistift ziehen Sie die Linien derjenigen Teile nochmals nach, die in der betreffenden Farbe gearbeitet werden sollen. Bei diesem Arbeitsgang wird der zuerst gezeichnete Bleistiftstrich auf den Karton übertragen. Die Vorlagen können Sie nun mühelos ausschneiden; eventuell vorhandene Bleistiftstriche entfernen Sie mit einem weichen Radiergummi.

Gestaltung des Motivs von der Vorder- und Rückseite

Ein frei hängendes Fensterbild sollte von der Vorder- und der Rückseite gearbeitet werden. Hierzu benötigen Sie die meisten Teile in doppelter Ausführung; sie werden nur spiegelverkehrt, aber in der gleichen Reihenfolge wie auf der Vorderseite, angeordnet.

Deckungsgleiches Aufmalen

Besonders bei hellem Karton sollten Sie absolut deckungsgleich arbeiten, da er durchscheint. Drücken Sie dazu die fertig gebastelte Vorderseite Ihres Motivs bei Tageslicht gegen eine Fensterscheibe. Scheint der Karton durch, können Sie mit einem Bleistift auf der Rückseite des Fensterbildes die Aufmalstellen exakt markieren.

Das Aufhängen

Es gibt verschiedene Möglichkeiten, ein Fensterbild aufzuhängen. Sie können sich zwischen dem altbewährten Faden oder einem Klebeband entscheiden. Wenn Sie mit einem Faden arbeiten wollen, balancieren Sie das Motiv zwischen Daumen und Zeigefinger aus, bis Sie die richtige Stelle gefunden haben. Mit einer Nadel stechen Sie dann einige Millimeter vom Rand entfernt in den Tonkarton und ziehen nun den Faden durch. Je größer das Motiv ist, um so sinnvoller ist es, Ihr Fensterbild an zwei Fäden aufzuhängen.

AUFKLÄRUNG

Bei den wißbegierigen Hühnern zeichnen Sie zunächst die Pupillen und den Schnabelstrich auf, dann beschriften Sie das zusammengefügte Aufklärungsbuch: Auf der weißen Fläche kleben das graue Teil, der gelbe Umschlag, der rote Buchrücken und das Ei. Bevor die beiden sich der Lektüre widmen können, bekommen sie ihren Kamm, den Hautlappen, das Auge und den Schnabel. Kleben Sie das fertige Buch auf die Hühner, die dann noch zum Schluß die beiden Flügel darauf legen.

SUCH MICH MAL

Dieser kleine Schelm braucht zuerst sein aufgemaltes Gesicht und die Krallen; ebenso werden auch die Handtuchfransen aufgemalt.
Das fertiggestellte Kopfteil des Häschens wird mitsamt den beiden Ohren auf den Körper geklebt.
Nachdem das Handtuch sein Eier-Muster erhalten hat, kann der kleine Hoppelmann sich verstecken.
Ob ihn wohl jemand findet?

EINE WERTVOLLE LADUNG!

Zeichnen Sie das Gesicht und alle schwarz markierten Stellen beim Hasenkind auf. Dann bekommt der kleine Mann von vorne sein rotes Hemdchen und den linken Arm.
Auf den zusammengefügten Laster mit dem blauen Fenster und den zweiteiligen Rädern laden Sie von hinten die wertvolle Fracht und plazieren ihn mitsamt dem Häschen auf der Wiese.

HÜHNERBALLETT

Bei den sportlichen Hühnern zeichnen Sie die
Augen und alle gepunkteten Linien (siehe Vorlagenbogen)
auf.
Nun bekommen die Ballerinen noch von vorne
ihren Kamm, den Hautlappen, den Schnabel und die Füße.
Und dann geht's mitten in die Wiese und rauf aufs Ei!

WIND, WIND, BLASE...

Der muntere Geselle bekommt zunächst das Gesicht und die Krallen aufgemalt.
Die Füße, die Hände und der Kopf werden dann unter die entsprechenden Kleidungsstücke geklebt.
Die Hose sitzt unter dem Pullover mit der gelben Tasche, und schon steht das Hasenkind mitten in der Wiese und hält sein buntes Windrad in der rechten Hand; arbeiten Sie dafür zuerst die rote Grundfläche, die dann mit den gelben Dreiecken verziert wird.

ERWISCHT!

Zuerst wird der kleine Eierdieb zusammengestellt:
Von hinten ergänzen Sie das Schwänzchen und den Fuß,
von vorne den bemalten Kopf mit den beiden
Ohren und den linken Arm mit dem untergeklebten Ei.
Dann ist der erfolgreiche Verfolger an der Reihe:
Auf seinem roten Rumpf kleben die blauen Federn, der
gelbe Flügel, die Füße und der Schnabel, der kräftig
zupacken kann, wie das Häschen im Moment sicher
zu spüren bekommt, wenn es über die Wiese geschleppt
wird ...

EINEIIGE ZWILLINGE

Die stolze Glucke und ihr Nachwuchs bekommen zunächst ihre Pupillen und den Schnabelstrich aufgemalt.
Lassen Sie die Zwillinge mit den Köpfchen aus dem Ei schauen; die Schnäbel werden von vorne aufgeklebt.
Die stolze Mutter wird noch mit ihrem Kamm, dem Auge, dem Hautlappen und dem Schnabel geschmückt.
Das Ei wird am Bauch von Frau Mama fixiert, die ihre beiden Flügel schützend darüberlegt.
Nun fehlen noch das Schalenteil und von hinten die Wiesenfläche.

HOBBYGÄRTNER HASE

Bei dem kleinen Hobbygärtner werden zunächst sein Gesicht und die Unterteilung der Hosenbeine aufgemalt. Seine Mütze mit dem aufgeklebten linken Ohr schützt ihn vor der Sonne. Den fertigen Kopf, das Schwänzchen und die Füße fixieren Sie von hinten an dem gelben Anzug, auf dem die Tasche und der linke Arm sitzen. Dann wird der Rasenmäher zusammengebaut: Auf der gelben Grundfläche kleben die zweiteiligen Räder, der rote und der grüne Streifen; die rote Stange wird dagegen von hinten ergänzt. Eine rote Tonkarton-Scheibe verbindet den Rasenmäher mit dem Hobbygärtner, der sich auf der Wiese an die Arbeit macht.

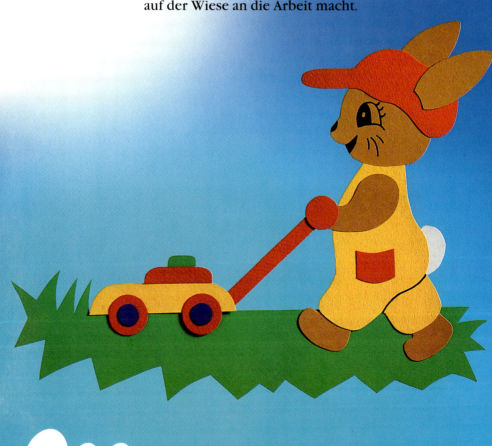

MEIN LIEBSTES SPIELZEUG

Zeichnen Sie beim Hasenkind sowie bei den Spielzeugtieren die Gesichter und alle gepunkteten Linien (siehe Vorlagenbogen) auf.
Der Hasenjunge trägt eine Spielhose, die von hinten mit dem roten Shirt, den Füßen und dem Schwänzchen beklebt wird. Dann fixieren Sie von vorne den fertigen Kopf mit den zwei Ohren. Der linke Arm hält die Schnur, mit der der Kleine sein Lieblingsspielzeug auf der grünen Wiese hinter sich herzieht.

EIERTRANSPORT

Bei den beiden Schwerstarbeitern werden
zuerst die Gesichter und alle gepunkteten Linien
(siehe Vorlagenbogen) aufgemalt.
Den Kopf mit den beiden Ohren fixieren Sie jeweils von
vorne, die Füße und das Schwänzchen von hinten.
Dann geben Sie jedem Hasen ein hübsch dekoriertes Osterei
in den Arm, der jeweils noch von vorne ergänzt wird.
Über die Wiese geht es zu den Kindern –
oder vielleicht auch zu Ihnen ans Fenster?

DER LAUSBUB

Zeichnen Sie beim Lausbub das
Gesicht und alle schwarz markierten Stellen
(siehe Vorlagenbogen) auf.
Setzen Sie dem kleinen Mann die Kappe auf,
wobei Sie die Ohren darauf- bzw.
dahinterkleben. Fixieren Sie dann von hinten
das typische Hasenzähnchen!
Nachdem Sie die Füße und die Pfoten unter die
Hose bzw. das gelbe Hemd geklebt haben,
fügen Sie die beiden Kleidungsstücke zusammen:
Die Hose wird von vorne angebracht.
Nun braucht der Lausbub nur noch seine blauen
Hosenträger, den fertigen Kopf und die
Schleuder – hoffentlich macht er damit keinen
Unsinn!

GELEGENHEIT MACHT DIEBE

Für die Gesichter der beiden brauchen Sie einen feinen, schwarzen Filzstift. Das Huhn bekommt von vorne den Kamm, den Hautlappen und den Schnabel. Beim Ausbrüten der Eier ist es im warmen Nest eingeschlafen, und die bunten Eier sind an den Rand des Nestes und auf die Wiese davongekullert. Fixieren Sie bei Meister Lampe die Körperteile am Anzug: Das Schwänzchen und den Fuß von hinten, den Kopf mit den Ohren und den linken Arm samt Ei von vorne. Dann schleicht er sich langsam an das Nest heran, um sich dort für das bevorstehende Osterfest einzudecken ...

HER MIT DEN FEDERN!

Zeichnen Sie die Gesichter und alle gepunkteten Linien (siehe Vorlagenbogen) auf.
Fixieren Sie bei dem kleinen frechen Häschen die Körperteile an dem Anzug, also die Füße von hinten, den linken Arm und den fertigen Kopf von vorn.
Das flüchtende Huhn bekommt von vorne den Kamm, den Schnabel, den Hautlappen, den Flügel und die Beine, die im Eiltempo versuchen, dem Federräuber über die Wiese zu entkommen.
Der war allerdings schon recht erfolgreich: Auf der Rückseite des gelben Bandes kleben bereits drei Federn, die vierte hält der kleine Dieb schon in der Hand!

REIFEPROZESS

Das wohlbehütete Küken braucht zuerst seine Schlafaugen. Kleben Sie das Kopfkissen und das Oberbett zusammen, darauf ruhen der Kopf samt Schnabel, die Flügel und die Füße, die auch auf der gelben Eierschale fixiert werden. Und für alle Fälle hängt auch noch eine zweiteilige Lampe von der Decke herab!

HERZTÖNE

Das Auge, der Schnabelstrich, die Ecken am
Koffer und die Bruchstelle des Eies werden aufgemalt.
Doktor Henne bekommt dann den Kamm,
den Hautlappen und den Schnabel.
Mit dem Stethoskop werden die Herztöne abgehört –
wenn sie normal sind, fixieren Sie von vorne den
Flügel und die Beine. Den Koffer stellen Sie vor das Ei auf
die Grünfläche, denn jetzt ist's gleich soweit!

FREIE FAHRT

Der kleine Autofan bekommt zunächst
sein Gesicht aufgemalt,
beim Auto wird die Tür eingezeichnet.
Montieren Sie dann die zweiteiligen
Räder auf den grünen Halbkreisen,
und setzen Sie das Häschen mitsamt Kopf,
Ohren und Schal in sein Kabriolett.
Erst dann bekommt es seinen linken Arm,
der lässig auf der Tür lehnt.

NACHWUCHS HAT SICH EINGESTELLT

Zeichnen Sie bei dem stolzen Elternpaar die Augen, die Schnabelstriche und alle gepunkteten Linien (siehe Vorlagenbogen) auf.
Dann bekommen Frau Mama und Herr Papa von vorne ihren Kamm, den Hautlappen, den Schnabel und die Füße; das Huhn erhält zudem seinen Flügel.
Der Nachwuchs steckt noch mit dem Oberteil im Ei, aber auf den Beinchen, die vorne auf dem gelben Körper sitzen, ist er schon recht flink!

OSTERGRÜSSE

Das Gesicht des kleinen Häschens sowie alle gepunkteten Linien (siehe Vorlagenbogen) werden aufgezeichnet. Das gelbe Innenfutter des Umschlages wird auf die weiße Grundfläche (gestrichelte Linie) geklebt. Den fertig gearbeiteten Hasenkopf samt Ohren bringen Sie auf dem roten Anzug an, der von hinten mit dem Schwänzchen verschönert wird. Kleben Sie den Hasen auf den vorgearbeiteten Briefumschlag, dann wird das dritte Umschlagsteil (durchgezogene Linie) aufgeklebt. Und erst jetzt gibt's die zweiteilige Tulpe und den linken Arm.

ICH WILL HIER RAUS!

Malen Sie bei dem Küken, das aus dem Ei schlüpfen möchte, das Auge und den Schnabelstrich auf. Bevor es seine zweiteilige „Schlüpfhilfe" in Form eines Hammers erhält, fixieren Sie noch von vorne den Schnabel, den Flügel und von hinten die Füße. Und dann schnell rein ins Ei, damit das Kleine bald wieder rauskommen kann!

DAS ÜBERRASCHUNGSEI

Um die Welt entdecken zu können, braucht das Trio zunächst seine Augen, dann folgen die Schnabelstriche.
Die bereits geschlüpften Küken erhalten von hinten ihre Füße und von vorne die Schnäbel, das dritte im Bunde schaut von hinten neugierig aus dem Ei, auf dessen unterem Teil das Schnäbelchen sitzt.
Nur Mut – das Leben auf einer Blumenwiese ist herrlich!

EIERLAUF

Der kleine Sportler bekommt zunächst sein Gesicht und
die Unterteilung der beiden Beine aufgemalt.
Fixieren Sie dann alle Körperteile an der roten Hose:
Das Schwänzchen und die beiden Füße von
hinten, den Arm und den Kopf samt Ohren von vorne.
Legen Sie das Ei vorsichtig auf den Löffel,
und dann geht es im schnellen Schritt durch die Wiese!

BIS ZUM NÄCHSTEN JAHR!

Bevor der kleine Hase verreisen kann, braucht er sein Gesicht und die Krallen; auch die Kofferecken werden aufgemalt. Fixieren Sie nun von hinten den rechten Arm mit dem Tuch, von vorne den linken Arm mit dem dekorierten Koffer. Die Füße und das Schwänzchen werden – wie auch der fertige Kopf – ebenfalls von hinten ergänzt. Und nun ab in den verdienten Urlaub, ... bis zum nächsten Jahr!